ENGLISH G

LIGHTHOUSE

Folien | Basispaket

1

Cornelsen

English G Lighthouse · Band 1

Folien – Basispaket
mit Handreichungen

Verlagsredaktion
Sandhya Gupta; Jenny Dames sowie Uschi Fleischhauer, Hannover
Eva Baumgart; Christine Maxwell (Bildredaktion)
Klaus Unger (Projektleitung)

Beratende Mitwirkung
Ulrike Rath, Aachen

Illustration
Carlos Borrell, Berlin; Kate Davies, Colerne; Jeongsook Lee, Heidelberg; Andy Peters, Norfolk

Umschlaggestaltung
kleiner und bold GmbH, Berlin

Layout und technische Umsetzung
zweiband.media, Berlin

Bildquellen
Trevor Burrows Photography Ltd, Plymouth (Folie 7 Berry);
Cornelsen Verlag, Berlin (Folie 7 Luca, Ellie, Adam: Zieschang)

Titelbild
Trevor Burrows Photography Ltd, Plymouth

www.cornelsen.de

1. Auflage, 1. Druck 2012

Druck: Salzland Druck, Staßfurt

ISBN 978-3-06-033154-3

Inhalt gedruckt auf säurefreiem Papier aus nachhaltiger Forstwirtschaft.

INHALTSVERZEICHNIS

EINLEITUNG

Das **Basispaket** der **Folien** zu **English G Lighthouse, Band 1**, ist ein fertigkeitsorientiertes Übungsangebot für den Tageslichtprojektor. Es besteht aus 7 farbigen Grundfolien, 3 Deckfolien, 1 Leerfolie und 6 Kopiervorlagen.

Das **Basispaket** der **Folien** enthält zu jeder Unit des Schülerbuchs eine ausgewählte Folie. Eine weitere Folie (*The British Isles*) kann unitübergreifend eingesetzt werden. Im Inhaltsverzeichnis sehen Sie, welche Schwerpunkte der jeweiligen Unit durch die Folien abgedeckt werden.

Die Folien können zur Einführung, Wiederholung, Festigung und zum Transfer eingesetzt werden. Sie regen darüber hinaus zu spontanen Äußerungen an und ermöglichen die Steuerung von Gesprächen in der Klasse.

Durch die speziellen Vorteile des Tageslichtprojektors gegenüber dem Buch kann der Einstieg erleichtert bzw. zusätzliches Material angeboten werden. Zentrale sprachliche Phänomene, kommunikative Kompetenzen und Grammatikstrukturen, die die einzelnen Schülerbuch-Units „tragen", werden kontextbezogen, abwechslungsreich und intensiv geübt.

Die Handreichungen machen Angaben zum Einsatzort sowie zu den Funktionen einer Folie. Außerdem enthalten sie Vorschläge für kommunikative und interaktive Weiterführungen und viele geeignete Differenzierungsmöglichkeiten. Nicht zuletzt lassen sich mit vielen Folien auch methodische Kompetenzen einüben und festigen. Des Weiteren trägt der durch die Folien ausgelöste Wechsel der Arbeits- und Sozialform zu einer Motivierung bei, zumal einige Folien mit Kopiervorlagen angeboten werden, die zu interessanten Lern- oder Rollenspielen anregen.

Schreiben Sie auf die Folien grundsätzlich nur mit wasserlöslichem Stift. Am besten verwenden Sie die beigefügte Leerfolie, die Sie auf die Grundfolie legen, um Ergänzungen, Hilfen, Mustersätze oder Schülerbeitrage zu notieren.

Das **Gesamtpaket** der **Folien** zu **English G Lighthouse, Band 1**, erhalten Sie auf CD-ROM.
Es beinhaltet 34 Grundfolien, diverse Deckfolien und zahlreiche motivierende Kopiervorlagen (Bestell-Nr. 978-3-06-032554-2).

Erläuterungen der Abkürzungen und Symbole

L	der Lehrer/die Lehrerin	SB	Schülerbuch
S	der Schüler/die Schülerin oder die Schüler/innen	OHP	Overheadprojektor/ Tageslichtprojektor
●	für lernschnellere S	○	für lernlangsamere S

Ziel
The British Isles: Vermittlung geografischer Kenntnisse über die Britischen Inseln

Einsatzort
Die Karte können Sie zu unterschiedlichen Zeitpunkten im Schuljahr nutzen. Geeignete Einsatzorte sind die Einstiegsunit *Nice to meet you!*, die *Unit 5* oder die (fakultative) *Unit 6*. In einem landeskundlichen Kontext kann auf die Karte immer wieder zurückgegriffen werden.

Wortschatz
The British Isles • *England* • *Wales* • *Scotland* • *Northern Ireland* • *Ireland* • *country* • *capital* • *town* • *Great Britain* • *United Kingdom*

Durchführung
Je nach gewähltem Einsatzort stehen den S unterschiedliche Wendungen und Strukturen zur Verfügung. Nachfolgend werden einige einfache Übungen beschrieben.

Städte identifizieren: Legen Sie die Grundfolie auf und erläutern Sie kurz die Karte. Stellen Sie anschließend Fragen, z. B.:

L *Where's London/Plymouth/…?*
(Ein/e S zeigt den Ort auf der Karte.)
S *It's here. / Here's London. / This is Plymouth. / …*

Auf einer Leerfolie versuchen die S aus der Erinnerung bzw. mithilfe der Karte im SB, andere Städtenamen einzutragen. Die Ergebnisse werden anhand der Deckfolie überprüft.

Bei aufgelegter Grund- und Deckfolie können Sie vor dem Einschalten des OHP mit kleinen Streifen aus Papier oder Karton ausgewählte Städtenamen abdecken. Die Aufgabe lautet: *Find the name of this town.* Anschließend übernehmen die S Ihre Rolle.

Ländernamen einüben: Als Vorbereitung kopieren Sie die Grundfolie auf ein Blatt Papier und schneiden alle Länder, die zu den *British Isles* gehören, in ihren Umrissen aus. Schalten Sie den OHP ein und stellen Sie die fünf Länderteile den S zur Verfügung. Die Aufgabe der S besteht darin, die Schattenbilder richtig anzuordnen. Dabei können Sie *This is* … verwenden. Schließlich wird die Lösung, auf die sich die Klasse einigt, überprüft, indem die Grundfolie auf die Karte der S gelegt wird.

Anhand der Folie lassen sich auch folgende Begriffe illustrieren:
Great Britain = England + Wales + Scotland
The United Kingdom = England + Wales + Scotland + Northern Ireland
The British Isles = The United Kingdom + Ireland

Hauptstädte kennenlernen:
L *What country is this?*
S *It's England/Scotland/Wales/...*
L *What's the capital of England/Scotland/Wales/...?*
S *It's London/Edinburgh/Cardiff/...*

Weiterführung
Dialogisches Sprechen: Die S suchen sich einen englischen Namen (z. B. von der *List of names*, SB, S. 228) und eine Stadt aus und erarbeiten in Partnerarbeit kurze Dialoge, z. B.:
S1 *Hello. / Hi. I'm ... / My name is ... / I'm from ... / I live in ... (... is in England/Wales/...). What about you?*
S2 *I'm ... / My name is ... / I'm from ... / I live in ... (... is in England/Wales/...).*

Legen Sie Grund- und Deckfolie auf. Die Paare zeigen auf die von ihnen ausgewählten Orte. Danach präsentieren sie ihre Dialoge.

Quiz: Je nach landeskundlichen Vorkenntnissen/Interessen der S können u. a. folgende (unitunabhängige) Fragen gestellt werden:
Where is ...?
… *Big Ben / Scotland Yard /…* (in London)
… *Bristol / Wimbledon / Nottingham / Sherwood Forest /...* (in England / near …)
… *Loch Ness / Glasgow /...* (in Scotland)
… *Dublin/...* (in Ireland)
(usw.)

Mögliche Erweiterung: „Star"-Quiz:
Do you know where ... is/are from:
… *Robin Hood* (from Nottingham / Sherwood Forest)
… *Nessie* (from Scotland / Loch Ness)
… *The Beatles* (from Liverpool)
(bzw. aktuelle Popstars/Sportler/Schauspieler etc.)

Ziel
Lehrwerkscharaktere erkennen und beschreiben
Sich vorstellen (Alter, Hobby, Geschwister)

Durchführung
Geben Sie die Fotos und Sprechblasen nacheinander frei. Decken Sie zuerst das Foto von Luca auf (links oben) und fragen Sie: *Do you remember this boy? Who's this? What's his name?* Die S überprüfen die richtige Antwort auch mithilfe der Informationen in der Sprechblase. Gehen Sie bei den anderen Charakteren ebenso vor.

Zeigen Sie dann auf Lucas Sprechblase und erklären Sie:
L *Luca wants to tell us something about his family and his hobbies.*
He says, "I'm Luca. I'm ten." What else does he say?

Übergeben Sie an die S, die die Vorstellung von Luca fortführen:
S *(He says:) My hobby is riding my BMX bike. / I have one brother and one sister.*

[O] Für die lernlangsameren S können Sie die neu eingeführten Redemittel als Gedächtnisstütze an die Tafel schreiben.

Die Vorstellung von Ellie, Berry und Adam erarbeiten die S zunächst in Partner- oder Gruppenarbeit. Einige Ergebnisse können im SB, S. 18 überprüft werden. Die S tragen alle Ergebnisse anschließend im Klassenverband vor.

Weiterführung
Die S schreiben Sätze über sich selbst auf einen Zettel (Alter, Hobby, Geschwister etc.). Dabei können die S auch auf Redemittel der vorangegangenen Unit zurückgreifen. Am Schluss setzen sie ihren Namen darunter. Zur Vereinfachung können Sie ein Beispiel vorgeben und an der Tafel festhalten:
I'm a girl. I'm ten. My hobby is swimming. I have one sister. My favourite thing is my mobile phone. I like cats. I don't like hamsters.

Die Zettel mit den persönlichen Beschreibungen werden verdeckt eingesammelt und auf den Lehrertisch gelegt. Anschließend kommt ein S nach vorne und zieht einen Zettel aus dem Stapel. Er/Sie liest die Beschreibung vor und die anderen S dürfen drei Mal raten, wer sich hier beschrieben hat: *You're Alina/Ben/...*

bathroom • bed • bedroom • car • chair • cushion • garage • garden • hall • kitchen • living room • mirror • rug • street • table • toilet • tree • wardrobe

Ziel
Einführung bzw. Festigung des Wortschatzes im Wortfeld *house/furniture*

Wortschatz
crazy

Durchführung
Mit dieser Folie können Sie das Wortfeld *house/furniture* auf lustige Weise behandeln. Die Folie kann als Einführung von *Theme 2,* SB, S. 38–39 eingesetzt werden, wenn bei Ihren S in diesem Wortfeld Grundschulenglisch vorhanden ist. Bei S mit wenig Grundschulenglisch bietet sich der Einsatz der Folie zur Nachbearbeitung von *Theme 2* an.

Decken Sie schrittweise die einzelnen Räume dieses ungewöhnlichen Hauses auf und lassen Sie die S die Räume und die Gegenstände benennen. Hilfen bietet das Reservoir unten auf der Folie.
Beginnen Sie folgendermaßen:
L *Welcome to a crazy house. It's different, isn't it? Let's look at the rooms downstairs first. This is the kitchen. What can you see in the kitchen?*

Achten Sie bei der Beantwortung der Frage darauf, dass die S *There's / There are* benutzen und sich somit der Gebrauch dieser Strukturen festigt. Ggf. geben Sie die erste Antwort vor.
L/S *There's a bed in the kitchen.*
L *What's in the toilet?*
S *There's a wardrobe in the toilet.* (usw.)

L *Let's go upstairs now. What can you see there?*
S *There's a tree in the bedroom. / There are cushions in the bathroom.* (usw.)

Lösungen:
Downstairs:
There's a bed in the kitchen.
There's a wardrobe in the toilet.
There's a car in the hall.
There's a garden in the living room.
There are chairs, a table and mirrors in the garage.
There's a rug in the garden.

Upstairs:
There's a tree in the bedroom.
There are cushions in the bathroom.
There's a street in the bedroom.

Weiterführung
Regen Sie die S dazu an, in die Rolle der Hausbesitzerin bzw. des Hausbesitzers zu schlüpfen und eine *crazy house tour* (auch als Partner- oder Gruppenarbeit möglich) zu gestalten.
Nach der kurzen Beschreibung des Hauses wird auch auf das eigene Lieblingszimmer eingegangen und erklärt, warum dies so besonders ist. So üben die S die wichtige Kompetenz des monologischen Sprechens.
Beispiel:
Welcome to my house. It's different. It has ... rooms. There are ... rooms downstairs. And there are ... rooms upstairs. I have a garden and a garage too. My favourite place is the kitchen. It's downstairs. It isn't very big. I like it because there's a bed in it.

O Wichtige Strukturen können Sie insbesondere für die lernlangsameren S an der Tafel festhalten.

Alternativ oder zusätzlich können die S die Kopiervorlage 1, Folie 13 bearbeiten. Dabei können sie zur Ausgestaltung des Hauses entweder ihre Möbel selbst einzeichnen oder auch Ausschnitte aus Möbelprospekten nach Art einer Collage zusammenstellen und in die Räume auf der Kopiervorlage kleben. Die Gegenstände und Räume werden beschriftet. Die fertigen Kopiervorlagen können ausgestellt und präsentiert werden.

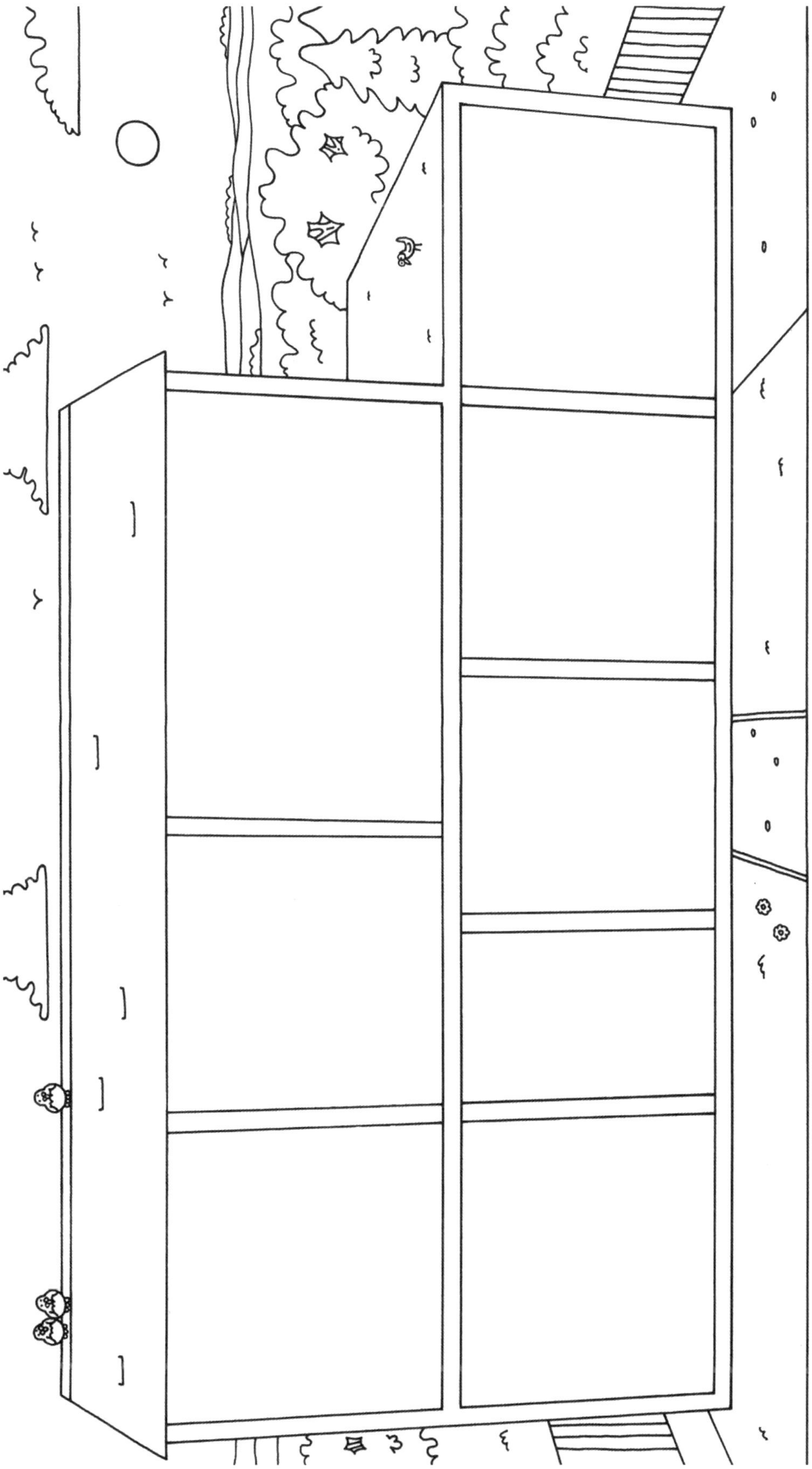

Ziel
Festigung des Wortschatzes im Wortfeld *money/prices*
Einen Einkaufsdialog führen

Durchführung
Decken Sie die Folie auf. Geben Sie Ihren S ausreichend Zeit zur Betrachtung des Wimmelbildes. Es zeigt *Preston's Shop*, in dem es viele unterschiedliche Sachen zum Kaufen und Verschenken gibt.

Sammeln Sie zuerst die Bezeichnungen für die verschiedenen Gegenstände. Fragen Sie Ihre S:
L *What can you buy here?*
S *A toy elephant, an aquarium, a blazer ...*

Gehen Sie dann zu den Preisen über.
○ Fragen Sie dabei in lernlangsameren Klassen gezielt zuerst im Singular und erst dann im Plural nach den Preisen der Gegenstände:
L *How much is the elephant / the pink diary / ...*
S *The elephant is £4.99. / ...*
Und erst dann:
L *How much are the hoodies / the cushions / ...?*
S *The hoodies are £7.99. / ...*

● In einer lernschnelleren Klasse sollten die unterschiedlichen *be*-Formen im Singular und Plural kein Problem mehr darstellen. Die S können die Dialoge schnell selbstständig bzw. mit nur wenigen Hilfestellungen durch L führen.

Zum Abschluss der mündlichen Vorgespräche können Sie die Meinung der S zum Preisniveau der Gegenstände einholen, z. B.:
L *Is the elephant / ... expensive?*
S *Yes, it is. / No, it isn't.*

Schreiben Sie als Vorbereitung für die folgende Partnerarbeit die Namen Ihrer S auf kleine Zettel. Verteilen Sie an jedes Schülerpaar zwei der Zettel. Die S sollten nicht verraten, wen sie gezogen haben.

Zeigen Sie nun auf die zwei Geldbörsen. Falls Ihre S noch nicht so vertraut mit den britischen Münzen sind, erklären Sie, dass es sich bei den goldfarbenen Münzen um £ 1 handelt. Bei den anderen Münzen kann durch genaues Hinsehen die Zahl erkannt werden. Bieten Sie ggf. Hilfestellungen an. Führen Sie in die Situation wie folgt ein:

L *Two of your friends have their birthday soon. You and your partner want to give them presents. This is the money you have. How much is it?*

S *£ 20 and 5 pence.*

L *You're right. Please talk about what you want to buy for your friends and how much it is.*

Verteilen Sie die Kopiervorlage 1, Folie 22. Darauf werden den S die Redemittel zum Führen des Dialogs angeboten. Dabei können die S zwischen drei Dialogvarianten wählen oder sie miteinander kombinieren. Zur Überprüfung und Festigung können Beispieldialoge vor der Klasse vorgeführt werden.

Am Ende der Kopiervorlage vervollständigen die S die vorgegebenen Satzteile. Sie fassen zusammen, für welche Geschenke sie sich mit dem ihnen zur Verfügung stehenden Geld entschieden haben. Dieses Ergebnis wird in der Klasse vorgetragen. Die S, für die die Geschenke gedacht sind, sagen, ob sie ihnen gefallen oder nicht: *I like the blue bag and I like sweets. I don't like the green hoodie.*

O Als Alternative zur Kopiervorlage 1 können Sie für die lernlangsameren S die Kopiervorlage 2, Folie 22 einsetzen. Hier führen die S zu zweit ein Verkaufsgespräch in enger Anlehnung an das SB, S. 63. Kopieren Sie die Kopiervorlage in halber Klassenstärke und schneiden Sie sie so durch, dass ein/e S den Partner A-Teil erhält und der/die andere den B-Teil. Partner A bekommt somit die Miniaturansicht von *Preston's Shop* mit Gegenständen, die aber alle keine Preisschilder haben. Partner B dagegen sieht die Preise auf seiner/ihrer Ansicht des Schaufensters. Partner A ist Käufer/in und erfragt die Preise ausgewählter Gegenstände, Partner B ist Verkäufer/in.

Führen Sie wie folgt ein:

L *You have £ 10 from your grandmother. You can buy something you like. Your partner works in the shop. He/She can give you the prices. Make a dialogue.*

Die S führen ein Verkaufsgespräch, das vor der Klasse vorgetragen wird.

Folgendes Verkaufsgespräch kann z. B. erarbeitet werden:
Excuse me, please. How much is the pullover?
– It's £ 10.99.
That's too expensive. How much is the crab?
– It's £ 4.99. It's a special offer.
OK. I'll take it.
– Good. That's £ 4.99, please.
Here you are.
– Thank you.
Thank you.

Preston's Shop

Two of your friends have their birthdays soon. You and your partner want to give them presents. Look again at the things in Preston's Shop.

1 a *You have: £* ___________

b *Talk with your partner about the presents and how much they are. Start with the present for your first friend. The phrases in the box can help you.*

Swap roles for the second present.

You can use dialogue A, B or C:

Dialogue A:

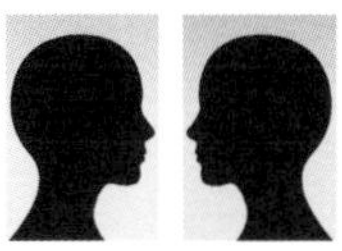

Partner A: What about the …?
Partner B: Good idea! How much is/are the …?
Partner A: It's/They're £ …
Partner B: That's OK. We'll take it.

Dialogue B:

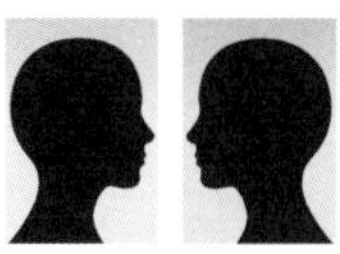

Partner A: What about the …?
Partner B: Good idea! How much is/are the …?
Partner A: It's/They're £ …
Partner B: That's too expensive. Let's look again.

Dialogue C:

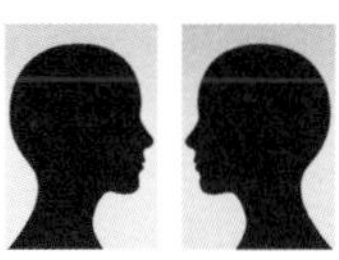

Partner A: What about the …?
Partner B: I don't like the …
Partner A: OK. Let's look again.

2 *Now write down the presents and how much they are. Tell the class.*

First friend:

We want to buy a ___________________________________ for ___________________________ (*name*).

The _____________________________________ is/are £ _______________________.

• •

Second friend:

____

____

Preston's Shop

Partner A:

You have £ 10 from your grandmother. You want to buy something nice at Preston's Shop. What do you like? Ask your partner how much the things are.

The phrases in the box can help you.

Excuse me, please. • How much is/are the …? • That's too expensive. • OK. I'll take it. • Here you are. • Thank you.

Partner B:

You're working at Preston's Shop. Listen to your partner's questions. Pick the best answers.

The phrases in the box can help you.

It's/They're £ … • It's/They're a special offer. • It isn't expensive. • It's good value. • Good. That's £ …, please. • Thank you.

Ziel
Einführung bzw. Festigung von Fragen mit Fragewörtern im *simple present*

Wortschatz
reporter, zookeeper

Durchführung
Motivierender Einstieg mithilfe eines Lochblattes: Die Grundfolie wird bei ausgeschaltetem OHP aufgelegt und sofort mit einem Lochblatt abgedeckt (Lochblatt: Aus einem Blatt Papier der Größe DIN-A4 wird ein Loch, entweder rund oder eckig, mit einem Durchmesser von ca. 4 cm ausgeschnitten.). Dabei sollte durch das Loch ein Detail sichtbar sein, das Gelegenheit gibt, Vermutungen über das Thema des Bildes anzustellen. Verschieben Sie das Loch dabei auch zu anderen Details.
Mit dem Lochblatt können Sie auch bei anderen Folien die Motivation für die sprachliche Arbeit erhöhen und für vielfältige Sprechanlässe sorgen.

Fordern Sie die S auf, einzelne Details in den Bildausschnitten zu benennen. Dabei finden die S heraus, dass die dargestellte Szene in einem Zoo spielt:

L *What can you see?*
S … (abhängig vom gewählten Bildausschnitt)
L *Where are the people in this picture?*
S *They're in a park. / They are in a zoo. /...*

Geben Sie nun die gesamte Bildszene frei. Zeigen Sie auf den Reporter und die Zoowärterin im Vordergrund und führen Sie deren Berufsbezeichnungen ein.

L *Look at these two people. This is a zookeeper. She works in the zoo. And this is a reporter. He has many questions about the animals in this zoo. What are his questions?*

● Mit den lernschnelleren S sammeln Sie vorab ungelenkt ein paar Fragen. Die Fragen können auf einer Leerfolie schriftlich festgehalten werden.
○ Für die lernlangsameren S legen Sie die Deckfolie 1 auf. Sie hilft den S bei der Formulierung der Fragen. Lassen Sie den S wieder Zeit zum Betrachten des Bildes und der Fragestrukturen. Zeigen Sie dann auf die (unvollständigen) Fragen:

L *Here are the reporter's questions. Let's look at the first question. Can you complete the question?*

● ○ Rufen Sie zuerst eine/n lernschnellere/n S auf, um die Frage zu vervollständigen und lassen Sie die vollständige Frage dann von einem/einer lernlangsameren S wiederholen.

Die Frage wird anschließend schriftlich von den S in ihr Arbeitsheft übertragen.

Sammeln und vervollständigen Sie auf diese Weise alle Fragen.

● Bitten Sie im Anschluss die lernschnelleren S mündlich über mögliche Antworten zu den Fragen zu spekulieren.
○ Für die lernlangsameren S legen Sie die Deckfolie 2 auf. Mithilfe dieser Deckfolie ordnen die S den Fragen des Reporters die richtigen Antworten zu und notieren sie in ihrem Arbeitsheft. Dies kann zuerst in Partnerarbeit erfolgen. Zum Abschluss wird der vollständige Dialog im Klassenverband überprüft.

Lösungen:
What animals do you have in the zoo? – d) We have monkeys, elephants, tigers, bears and snakes.
What animals do you like? – a) I like monkeys.
Why do you like them? – f) I like them because they're fun.
Where do they come from? – g) They come from Costa Rica.
What do they eat? – c) They eat fruit.
What do they love? – e) They love bananas.
What's this monkey's name? – h) It's Coco.
Where does this monkey live? – i) It lives in the big cage.
When do you feed it? – b) I feed it in the morning at 6.45, in the afternoon at 1.30 and in the evening at 6.00.
When does it sleep? – j) It sleeps at about 8.00.

Weiterführung
Die S spielen das Interview vor. Sie können dazu auch als Hilfe ihre schriftliche Ausarbeitung benutzen. Requisiten wie ein Mikrofon, ein Affenkuscheltier und ein Cap machen die Dialogsituation realer und für die S unterhaltsamer.

Ziel
Einführung bzw. Festigung des *present progressive* (*positive statements*)
Festigung des Wortschatzes im Wortfeld *music / playing an instrument*

Durchführung
Geben Sie zunächst nur das linke Bild frei und lassen Sie die S ihre Eindrücke ungelenkt versprachlichen:
This is a rap band. / Everybody is happy. / A boy is singing. / A girl is playing the drums. / ...

Ordnen Sie nach diesem Warm-up die Rückmeldungen Ihrer S durch gezielte Nachfragen:
L *What are the names of the people in the band?*

Zeigen Sie auf die Namen der Bandmitglieder. Die Namen bestehen u. a. aus Buchstabenkürzeln, um somit noch einmal die Aussprache des Alphabets zu festigen.
S *KJ, Ann, BQ, RA, Feebee.*

Lassen Sie die S die dargestellten Aktivitäten beschreiben. Geben Sie die Satzstruktur anhand eines Beispiels vor und schreiben Sie zur Unterstützung ggf. einige Mustersätze an die Tafel oder auf eine Leerfolie. Die S bilden zuerst nur Sätze im Singular.
L *What instrument is Feebee playing? She's playing the piano. And KJ? What's he playing?*
S *KJ is playing the guitar.*
L *And Ann?*
S *Ann is playing the drums.*
L *And what about RA? What's he doing (on the piano)?*
S *RA is dancing on the piano.* (usw.)

Zeigen Sie auf den kleinen Jungen, der sich hinter den Lautsprechern versteckt.
L *What's he doing?*
S *He's hiding.*

Im Anschluss zeigen Sie auf das Publikum und leiten so zu der Pluralform über.
L *Look at the people here. What are they doing? They're listening to the music.*

Zeigen Sie auf die fröhlichen, lachenden Gesichter und die unterschiedlichen Aktivitäten.
L *What are the boys doing?*
S *They're laughing.*
L *What are the two girls doing?*
S *They're dancing.*

L *What are the two girls and the boy on the right doing?*
S *They're singing.*

Decken Sie nun das rechte Bild auf. Im Rahmen einer Einführung geben Sie erneut zwei Beispiele (Singular und Plural) vor und halten diese Mustersätze auch schriftlich an der Tafel fest.
Führen Sie wie folgt ein:
L *Look at the rap band now. BQ, Feebee, KJ, RA and Ann are doing different things. They aren't happy. The music is bad. The people aren't happy.*
L *What's KJ doing here?*
S *He's singing.*

Schreiben Sie die S-Antwort an die Tafel bzw. lassen Sie eine/n S die Antwort an die Tafel schreiben.

Zeigen Sie auf die beiden Jungen im Publikum, die schlafen.
L *What are the two boys doing?*
S *The two boys are sleeping.*

Wieder wird die S-Antwort an die Tafel geschrieben.

Bitten Sie nun Ihre S, in Gruppenarbeit so viele Sätze wie möglich über die unterschiedlichen Aktivitäten der dargestellten Personen auf dem rechten Bild zu bilden. Das Spiel kann Wettkampfcharakter bekommen, wenn den S ein Zeitlimit gesetzt wird (z. B. fünf Minuten). Punktabzug gibt es bei jedem grammatikalisch oder inhaltlich falschen Satz. Die Beispielsätze dürfen nicht dazugezählt werden. Die Gruppe mit den meisten Punkten hat gewonnen.

Lösungen:
Ann is playing the piano.
BQ is playing the guitar.
Feebee is playing the drums.
RA is cleaning.
Two children are hiding.
A boy is talking on his mobile (phone).
Two girls are texting their friends/family/mothers/...
A girl and a boy are reading a book.
A boy is eating a sandwich.
Two girls are drinking (orange) juice.
Three girls are sitting on chairs.
Two boys are sleeping.

Weiterführung
Pantomimenspiel: Ein/e S kommt freiwillig nach vorne und macht eine Handlung vor, die auf der Folie dargestellt wird. Die anderen S raten: *You're playing the piano. / You're cleaning. / ...*
● In lernschnelleren Klassen können die S auch Handlungen pantomimisch darstellen, die nicht auf der Folie dargestellt sind (z. B. *Your mobile is ringing. / You're cooking a meal. / You're phoning your friend. / You're cleaning the table. / ...*).

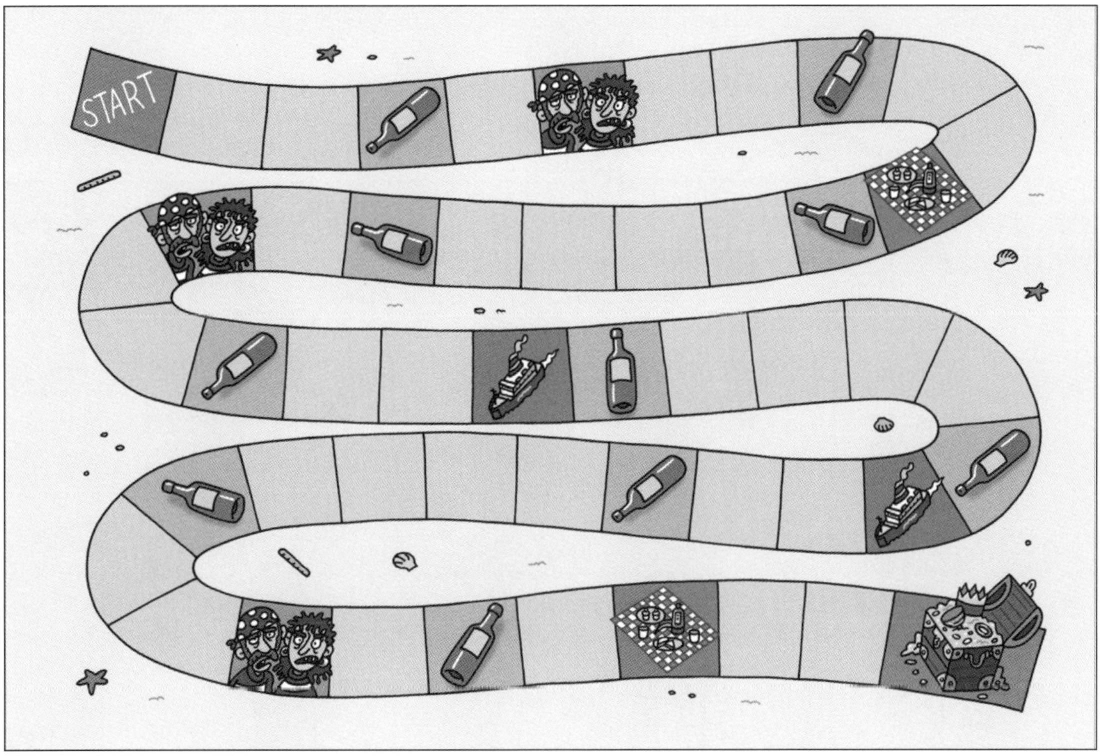

Ziel
The smugglers game: Festigung der im SB eingeführten Grammatikstrukturen
Inhaltliche Nachbereitung des SB

Durchführung
Teilen Sie die Klasse (je nach Größe) in zwei bis maximal vier Gruppen ein und halten Sie einen Würfel und einen Spielstein pro Gruppe bereit. Legen Sie die Folie mit dem Spielfeld auf. Auf dem Weg von *START* bis zum Erreichen der Schatztruhe müssen verschiedene Hindernisse bewältigt werden (Anleitung siehe Kopiervorlage 3).

Landet der Stein auf einem Feld mit einem Flaschenpostsymbol, muss eine/r der gegnerischen Spieler/innen eine Ereigniskarte ziehen und vorlesen. Kann der Spieler / die Spielerin am Zug die Aufgabe richtig lösen (die anderen Gruppen und L entscheiden), darf noch einmal gewürfelt werden. Kann die Aufgabe nicht richtig gelöst werden, muss stehen geblieben werden.

Für den letzten Zug muss die genaue Punktzahl gewürfelt werden, um auf der Schatztruhe zu landen. Die Gruppe, die zuerst das Zielfeld erreicht hat, hat gewonnen.

Die Kopiervorlagen 2 und 3 bieten Ereigniskarten mit vorgegebenen und individuellen Lösungen.
Um die S bei der Formulierung der Antworten zu unterstützen, können nützliche Strukturen/ Wendungen und Wörter vorab an der Tafel oder auf Wortkärtchen gesammelt und den Spielern/Spielerinnen zur Verfügung gestellt werden.

Weiterarbeit
Das Brettspiel finden Sie auch als Kopiervorlage 1, Folie 34. Die S können diese Vorlage farbig ausmalen, auf Karton kleben und mit einer Folie überziehen oder laminieren. Auf diese Weise kann das Spiel im Rahmen der Freiarbeit (in Partner- oder Gruppenarbeit) fortgesetzt werden.

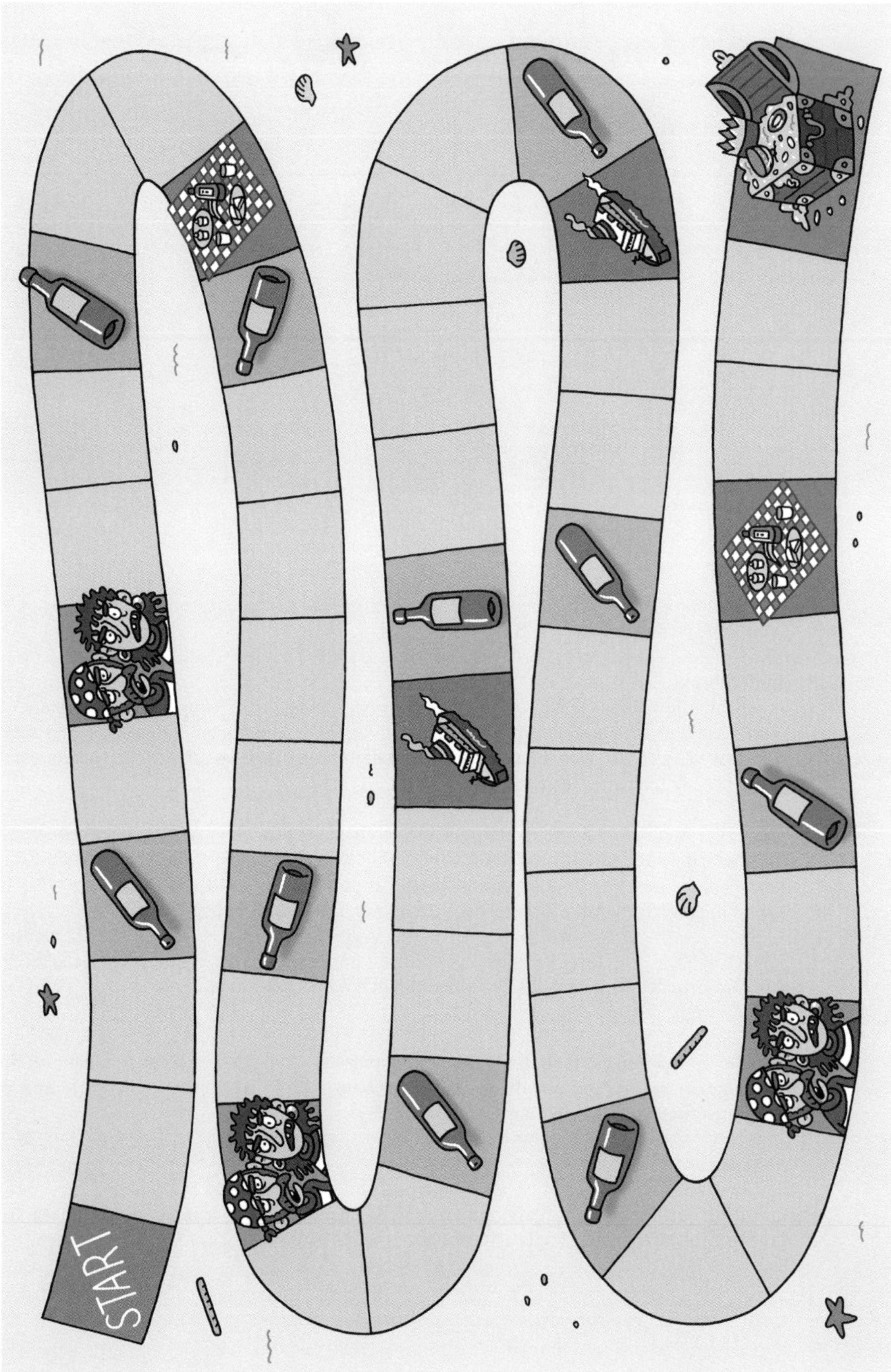
START

A: Ereigniskarten mit vorgegebenen Lösungen.

Fill in the correct form: Berry … live in the city. **Answer:** Berry *doesn't* live in the city.	Fill in the correct form: Luca and Adam … have dogs. **Answer:** Luca and Adam *don't* have dogs.	Fill in the correct form: I … live in Plymouth. **Answer:** I *don't* live in Plymouth.
What's the right question word (*what/where/why*): … do Luca and Adam live? **Answer:** *Where* do Luca and Adam live?	What's the right question word (*what/where/why*): … pets do you have? **Answer:** *What* pets do you have?	What's the right question word (*what/where/why*): … do you like rabbits? **Answer:** *Why* do you like rabbits?
Where do Cyril and Sandy live? **Answer:** On the beach. / In Plymouth.	Who's Harry? **Answer:** Berry's pony.	Fill in the correct form: Luca … (ride) his bike at the moment. **Answer:** Luca *is riding* his bike at the moment.

B: Ereigniskarten mit individuellen Lösungen.

What's the time now?	What's the date today?	Spell your name.
Spell your street name.	Walk like a crab.	Make a noise like a tiger.

Mime[1] playing football. [1]*mime* – vorspielen	Mime[1] eating something nice. [1]*mime* – vorspielen	What's your phone number?
Complete the sentence: I feel fed up when …	Complete the sentence: I feel great when …	Name[1] five sports or hobbies. [1]*name* – nennen
What are your favourite clothes?	Name[1] four school things. [1]*name* – nennen	Name[1] four lessons. [1]*name* – nennen
Make one sentence about your house or flat.	Make three sentences about what you do at the weekend (*get up, have breakfast, visit my friends, ride my bike …*).	Make one sentence about your family (*brothers/sisters/parents*).

 *The smugglers stop you!* (Gehe drei Felder zurück.)

 *You're hungry!* (Einmal aussetzen.)

 *You can take the ferry!* (Noch einmal würfeln.)

 *Message in a bottle!* (Landet der Stein auf einem Feld mit einem Flaschensymbol, musst du dir eine Ereigniskarte vorlesen lassen und lösen. Ist deine Lösung richtig, darfst du noch einmal würfeln. Ist sie falsch, musst du stehen bleiben.)